글 | 김선희

서울 예술 대학에서 문예 창작을 전공했고, 2001년 황금도깨비상을 받으면서 동화를 쓰기 시작했어요. 그동안 쓴 책으로는 《은빛나래가 장에 가요》《선미의 가을 편지》《소원을 들어주는 선물》《으앙, 오줌 쌌다》《우리 집에는 악어가 산다》 등이 있어요. 로봇 박물관에 가서 이 세상에 있는 많은 로봇을 보면서, 글을 대신 써 주는 로봇을 발명하면 얼마나 좋을까 하는 꿈을 꾼 적이 있어요. 하지만 이 글을 쓰면서 로봇 만드는 일이 결코 쉬운 일이 아니라는 것을 알았지요. 로봇 공학자가 꿈인 어린이가 있다면 나중에 꼭 작가 로봇을 만들어 주면 좋겠어요.

그림 | 심보영

서울에서 태어나 시각 디자인을 전공하고 2009년 한국안데르센상을 수상하였으며, 지금은 이야기가 있는 그림을 그리기 위해 노력하고 있습니다. 로봇과 캐릭터의 느낌을 각각 잘 살리기 위해 불투명 과슈와 콜라주를 사용하였습니다. 작업을 하면서 로봇에 대해 많은 것을 알게 되었습니다.

감수 | 권영도

포항 공대에서 로봇 제어 공학을 공부했습니다. 어릴 때부터 만들기를 좋아했습니다. 세계 로봇 축구 대회에 참가해서 상을 탄 경험도 있고요. 지금은 삼성전자에서 우리 생활에 필요한 로봇을 만들고 있습니다. 로봇 공학자로 여러 로봇을 직접 만드는 일을 하고 있어서 매우 행복하답니다. 앞으로 제가 만든 로봇을 생활용품을 파는 대형 할인점에서 보는 게 꿈이랍니다.

탄탄 미래직업 속으로 로봇 공학자가 될 테야

글 김선희 | 그림 심보영 | 감수 권영도 | 기획 편집 아우라(김수현, 박선희, 김현숙) | 디자인 인앤아웃(김화정, 장승아, 김미선)
제작책임 강인석 | 제작 유정근 | 분해 신영칼라 | 종이 (주)아이피피 | 인쇄 인탑 | 제책 (주)영림인쇄

펴낸이 김동휘 | 펴낸곳 여원미디어(주) | 주소 경기도 파주시 교하읍 문발리 파주출판도시 519-1 탄탄스토리하우스
판매처 한국가드너(주) | 출판등록 제406-2009-0000032호 | 전화번호 080-523-4077 | 홈페이지 www.tantani.com
ⓒ여원미디어 ISBN 978-89-6168-591-7 · ISBN 978-89-6168-574-0(세트)

※ 이 책은 저작권법에 따라 국내에서 보호 받는 저작물이므로, 무단으로 이 책 내용의 전부 또는 일부를 복사, 복제, 배포하거나 전산 장치에 저장할 수 없습니다.
⚠ 주의 1. 책 모서리가 날카로워 다칠 수 있으니 사람을 향해 던지거나 떨어뜨리지 마십시오. 2. 보관할 때 직사광선이나 습기 찬 곳은 피해 주십시오.

로봇 공학자가 될 테야

글 김선희 그림 심보영 감수 권영도

여원◆미디어

내 이름은 이미래. 직업은 로봇 공학자*야. 로봇을 만드는 일을 하고 있지.
어렸을 때 난 뭐든지 뜯어봐야 직성이 풀리는 호기심 많은 아이였어.
어머니가 시계를 새로 사 오시면 그날로 시계를 분해했지. 시계뿐만 아니라
고장 난 라디오나 밥솥 등 전자 제품은 무엇이든 뜯어봤어.
새로운 것을 보면 어떻게 생겼는지 알고 싶고, 더 멋지게 만들어 보고 싶었거든.
그 덕분에 우리 집에는 남아나는 물건이 없었어.
물론 내가 뜯었던 것을 다시 맞추어 놓으려 애는 썼지만 그게 어디 쉬운가!
어머니는 그런 나에게 "나중에 크면 과학자가 되겠구나!" 하고 말씀하셨어.
결국 이렇게 로봇 공학자가 되었으니, 어머니 예언과 크게 다르지 않은 셈이지.

로봇 공학자 과학자가 과학을 연구하여 이론을 만드는 사람이라면, 공학자는 그 이론을 이용해서 생활에 도움이 되는 물건을 만드는 사람을 말해요. 로봇 공학자란 생활에 필요한 로봇을 만드는 일을 해요.

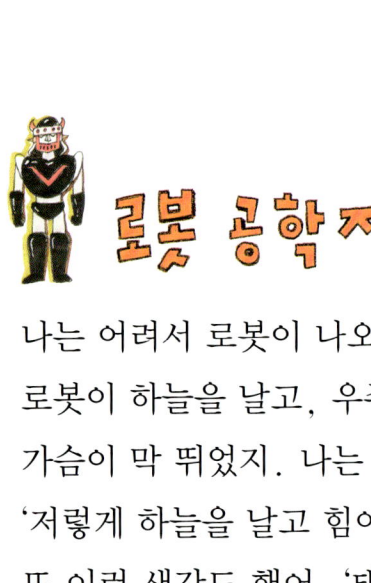
로봇 공학자를 꿈꾸다

나는 어려서 로봇이 나오는 만화 영화를 유난히 좋아했어.
로봇이 하늘을 날고, 우주에서 온 악당을 쳐부수는 장면을 볼 때면
가슴이 막 뛰었지. 나는 만화 영화를 볼 때마다 궁금했어.
'저렇게 하늘을 날고 힘이 센 로봇의 몸속은 어떻게 생겼을까?'
또 이런 생각도 했어. '태권 브이를 만든 김 박사처럼,
마징가 제트를 만든 강 박사처럼 나도 멋진 로봇을
만들 수 있으면 참 좋겠다.'
그래서 나는 초등학교 3학년 때, 로봇을 만드는
특별 활동반에 들어갔어. 처음에는 간단한 센서를
연결해서 움직이는 로봇 자동차를 만들었지.
처음 만든 로봇이 쌩쌩 달리는데
어찌나 신기하던지…….
그때 결심했던 것 같아.
'어른이 되면 로봇을 만드는
사람이 되어야지.'

 로봇 동아리에서 로봇을 만들다

대학교에 입학하자마자 나는 로봇을 연구하고 만드는 로봇 동아리에 들어갔어.
로봇 동아리에는 나처럼 로봇을 만들어 보고 싶어 하는 친구들이 잔뜩 모였지.
나는 마음 맞는 친구들과 함께 로봇 경진 대회에 나가기로 했어.
우리는 미로 찾기 마우스 로봇을 만들기로 했지. 마우스 로봇은 로봇의 기본 형태를
모두 갖추고 있어서 우리 실력을 시험해 보기에 좋다고 생각했거든.
기획이 끝나자 우리는 로봇을 만들기 위한 설계도를 그렸어. 부품, 재료, 배터리의
용량까지 자세하게 정했지. 그리고 나서는 설계 도면에 따라 부품을 조립했어.
조립을 다 끝내고 멋진 모습을 보았을 때의 기분이란!
하지만 그 황홀한 기분도 잠시, 실험이 시작된 순간부터 예상치도 못한
문제들에 부딪혔어.

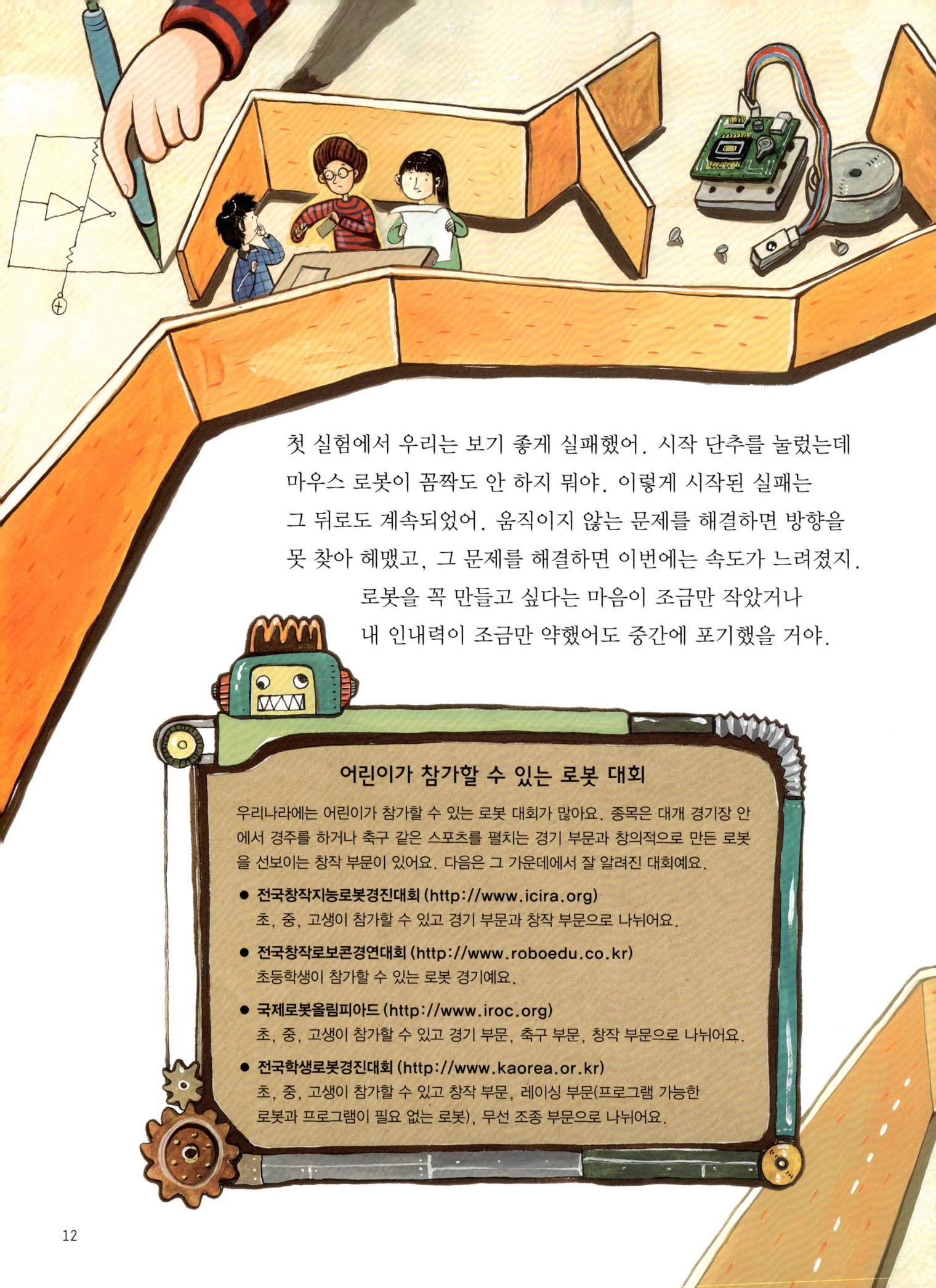

첫 실험에서 우리는 보기 좋게 실패했어. 시작 단추를 눌렀는데 마우스 로봇이 꼼짝도 안 하지 뭐야. 이렇게 시작된 실패는 그 뒤로도 계속되었어. 움직이지 않는 문제를 해결하면 방향을 못 찾아 헤맸고, 그 문제를 해결하면 이번에는 속도가 느려졌지. 로봇을 꼭 만들고 싶다는 마음이 조금만 작았거나 내 인내력이 조금만 약했어도 중간에 포기했을 거야.

어린이가 참가할 수 있는 로봇 대회

우리나라에는 어린이가 참가할 수 있는 로봇 대회가 많아요. 종목은 대개 경기장 안에서 경주를 하거나 축구 같은 스포츠를 펼치는 경기 부문과 창의적으로 만든 로봇을 선보이는 창작 부문이 있어요. 다음은 그 가운데에서 잘 알려진 대회예요.

- **전국창작지능로봇경진대회 (http://www.icira.org)**
  초, 중, 고생이 참가할 수 있고 경기 부문과 창작 부문으로 나뉘어요.
- **전국창작로보콘경연대회 (http://www.roboedu.co.kr)**
  초등학생이 참가할 수 있는 로봇 경기예요.
- **국제로봇올림피아드 (http://www.iroc.org)**
  초, 중, 고생이 참가할 수 있고 경기 부문, 축구 부문, 창작 부문으로 나뉘어요.
- **전국학생로봇경진대회 (http://www.kaorea.or.kr)**
  초, 중, 고생이 참가할 수 있고 창작 부문, 레이싱 부문(프로그램 가능한 로봇과 프로그램이 필요 없는 로봇), 무선 조종 부문으로 나뉘어요.

하지만 나는 끈질긴 성격에다 집중력 하나만큼은 타고났기에
끝까지 포기하지 않고 문제를 해결하기 위해 계속 도전했지.
대회 날이 다가오면서는 밤잠도 줄이고 친구들도 만나지 않았어.
그렇게 1년을 보낸 결과, 우리는 드디어 로봇을 완성했어.
처음에 만들었던 로봇보다 모양도 예쁘고 성능도 뛰어났지.
우리는 그 로봇을 가지고 로봇 경진 대회에 나가서 1등을 했어.
우리가 만든 로봇이 가장 빨리 목적지에 도착한 순간,
나는 온 세상을 얻은 것처럼 기쁘고 뿌듯했어.
그때였던 것 같아. 내가 로봇 공학자가 되겠다고
확실히 뜻을 굳힌 것은.

로봇을 만들려고 열심히 공부하다

동아리 친구들과 마우스 로봇을 만드는 동안 여러 문제에 부딪히면서 내가 가장 크게 느낀 게 뭔 줄 아니? 그건 내가 뭘 몰라도 너무 모른다는 거였어. 이것저것 뜯어보고 맞춰 본 경험은 좀 있었지만 로봇을 움직이는 데 필요한 기초 학문을 제대로 공부하지 않았던 거야. 로봇 공학은 정말 여러 학문의 종합체라는 것을 뼈저리게 느꼈어. 그래서 로봇을 만드는 데 필요한 공부를 열심히 해야겠다고 생각했지. 기초 학문인 수학, 물리부터 기계 공학, 재료 공학, 컴퓨터 공학, 전기 공학 등 공부해야 할 것이 정말 많았어. 하지만 처음 결심했던 것처럼 공부를 많이 하지는 못했어. 그래서 지금 로봇을 만들면서 부족한 것을 느낄 때마다 정말 많이 후회가 돼.

수학 로봇 설계도를 그리려면 계산을 해야 할 것이 많다. 따라서 수학을 모르면 설계도를 그릴 수가 없다.

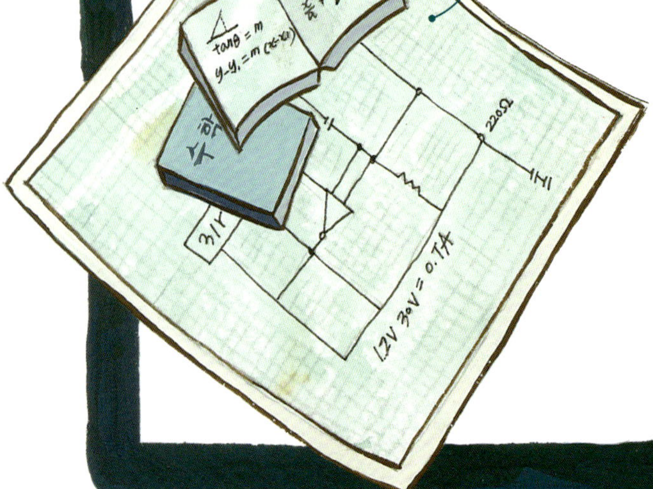

재료 공학 로봇에는 첨단 재료가 사용된다. 어떤 환경에서든 견딜 수 있는 재료를 사용해야 하기 때문에 재료 공학은 빼놓을 수 없는 분야이다.

로봇 연구소에 들어가다

나는 대학을 졸업하고 척척 로봇 연구소에 들어갔어.
처음에는 산업용 로봇을 만드는 팀에서 일했지. 10명의 연구원이 있었는데
각자 맡은 분야는 달랐어. 우리 팀은 작게 세 팀으로 나뉘어 일했는데,
로봇을 만드는 데에는 크게 세 가지의 기술이 필요하기 때문이야.
로봇 몸체를 만드는 팀, 로봇을 제어하는 기술을 연구하는 팀,
로봇이 주변 환경을 인식*하도록 하는 기능을 연구하는 팀이 있었지.
내가 맨 처음 만든 것은 자동차나 배를 만드는 공장에서
사람 대신 용접* 작업을 하는 로봇이었어. 어릴 적부터
내가 꿈꿨던, 사람처럼 움직이는 로봇과는 많이
달랐기에 솔직히 나는 조금 실망했지. 하지만
사람이 하기 힘든 어렵고 위험한 일을 맡아서
해 주는 로봇이라고 생각하니 점점 보람을 느꼈어.
또 앞으로 인공 지능 로봇을 만드는 데
도움이 될 거라고 생각하고 힘차게 일했어.

인식 어떤 일이나 물건이 다른 것과 어떻게 다른지 구별하고 판단하여 아는 것을 말해요.
용접 금속, 유리, 플라스틱 따위를 녹이거나 반쯤 녹인 상태에서 서로 이어 붙이는 일을 말해요.

꿈꾸던 로봇까지는 아직도 멀다

연구소에 들어온 뒤 거의 3년 동안 산업용 로봇만 만들던 나는
서비스 로봇을 만드는 팀으로 옮겨 인공 지능*을 연구하게 되었어.
나는 로봇이 쓰레기 가운데서 종이만 분리 수거하도록 하는
인공 지능 프로그램을 짜게 되었어.
'드디어 어릴 적부터 꿈꾸던 로봇을 만들 수 있겠다.'는 꿈에 부풀었지.
그런데 이럴 수가!
몇 달씩 집에도 못 가고 연구소에서 먹고 자며 매달렸는데도
로봇은 종이와 비닐을 구분하지 못하고 아무거나 주웠어.
말을 잘 듣는 인공 지능 로봇을 만들고 싶었는데, 내가 꿈꾸는 로봇을
만들기에는 기술이 부족했던 거야. 너무 속상해서 밥맛도 나지 않았지.
하지만 어려움을 겪는 건 나만이 아니었어. 사람과 비슷한 손가락을
만들려던 선배는 1년도 넘게 고생 중이었지.
사람들은 영화를 보면서 사람보다 능력이 뛰어난 첨단 로봇을
꿈꾸는데, 현실에서는 겨우 걸어 다니는 로봇을 만들 수 있을
뿐이라고 생각하니 정말 속상했어.
하지만 인내와 끈기 하면 나잖아.
'누가 이기나 보자.' 하는 마음으로 계속 매달렸지.

인공 지능 인간의 두뇌처럼 학습, 추리, 논증 따위의 기능이 가능한 컴퓨터 시스템을 말해요.

 로봇 전시회를 준비하다

요즘 나는 팀원들과 함께 몇 달 뒤에 있을
세계 로봇 전시회를 준비하느라 아주 많이 바빠.
세계 로봇 전시회는 여러 종류의 첨단 로봇을 모두
볼 수 있는 대규모 전시회지. 이 전시회에 가 보면 우리
로봇 기술의 현재 수준을 알 수 있어. 또 해마다 로봇 기술이
발전하는 것도 한눈에 볼 수 있지.
우리 연구소에서도 로봇 전시회에 새로운 로봇을 선보이기 위해
2년 전부터 준비해 왔어. 로봇은 하루아침에 만들 수 있는 게
아니거든. 우리가 준비해 온 로봇은 건물 안을 안내하는
로봇이야. 이제 거의 다 만들었어. 실험만을 남겨 두고 있지.
이 로봇의 이름은 '마당쇠'야. 마당쇠는 우편물도 배달해 주고,
간단한 심부름도 해 주는 로봇으로 개발되었어.
또 사람과 이야기도 할 수 있도록 설계되었지.

그동안 고생해서 만든 로봇을 실험해 볼 순간이 되었어.
연구소 안에는 긴장감이 넘쳤지.
팀원들이 모두 한곳에 모였어.
"우리를 강당으로 안내해라."
"저를 따라오십시오."
마당쇠는 입력된 대로 우리를 강당으로 안내했어.
우리는 기쁨에 들떠서 마당쇠를 따라갔지.
강당에 도착한 우리는 앞으로 가라고 명령을 내렸어.

하지만 이게 어찌 된 일인지! 마당쇠가 우리 말을 듣지 않는 거야.
앞에 농구공이 있어서 그런지 그대로 멈춰 섰어.
나랑 팀원들은 얼굴이 굳어졌지.
뭔가 잘못된 거야.
이렇게 실험 단계에서 잘못이 발견되면 다시 처음으로 돌아가야 해.
설계부터 어디가 잘못됐는지 꼼꼼히 살펴보아야 하거든.
아무래도 또 며칠 동안 밤샘 작업을 해야 할 것 같아.
어휴! 하긴 로봇 제작이 한 번에 뚝딱 될 리가 없지 뭐.

 로봇을 길들이다

우리는 이리저리 문제점을 찾아 헤맸어.
마침내 설계도에 치수를 잘못 적어서 생긴 문제라는 것을 알게 되었지.
설계 도면을 만들 때 꼼꼼하게 검토하지 못해서 치수를 잘못 적는 일은
로봇을 만들 때 가장 많이 하는 실수야.
0.01밀리미터라도 잘못 적으면 조립이 안 되거나, 또 조립이 되더라도
동작을 못하게 되지. 하지만 문제를 일으키는 원인은 한두 가지가 아니야.
전원의 양극(+)과 음극(-)을 거꾸로 연결하면 작동이 안 되거나
폭발할 수 있고, 신호선을 잘못 이으면 동작에 문제가 생기지.
아무리 작은 실수라도 시스템 전체를 망가뜨릴 수 있기 때문에
모든 일을 꼼꼼하게 점검해야만 해.
이번에도 치수 문제를 해결하고 조립한 뒤 실험을 하는 과정에서
또 다른 문제가 생겨 몇 번씩이나 확인해야 했어.
물론 계속되는 실험과 확인 작업 끝에 결국은 완성해 냈지.
완성한 뒤 기분이 얼마나 좋던지!

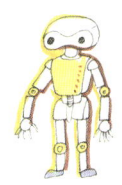 로봇 전시회가 열리다

드디어 로봇 전시회 날이 밝았어.
많은 관람객이 로봇들을 보며 놀라워했어.
특히 어린이들이 눈을 반짝이며 로봇들을 관람했지.
우리는 마당쇠를 전시회장 입구에 세워 놓았어.
마당쇠는 관람객들에게 친절하게 인사도 하고
전시회장도 안내했어.
마당쇠는 어린이들에게 최고로 인기를 끌었어.
어린이들이 몰려와 마당쇠와 이야기해 보거나
만져 보려고 작은 소동까지 일어났지. 기특한 마당쇠!
자식을 보는 부모 마음이 이렇지 않을까?
2년 동안 밤잠 못 자고 만든 보람을 느꼈어.
글쎄, 눈물까지 핑 돌더라니까.

전시회에는 새롭고 눈길을 끄는 로봇이 많이 등장했어. 깜짝 놀랄 정도로 로봇 기술이 발전했다는 생각이 들었지. 여러 일터에서 활약하는 로봇부터 집에서 사용하는 로봇까지 수많은 종류의 로봇이 저마다 뛰어난 기능을 선보였어. 전시회 내내 마당쇠는 여기저기 다니면서 사람들을 안내했어. 정말 대견하고 뿌듯했지.

완다 물고기 모양 로봇이다. 깊은 바닷속을 탐사하기 위해 만들어졌다. 사람이 들어갈 수 없는 바닷속에 들어가 해양 생태계나 광물 자원을 조사하는 일을 한다.

로봇 팔 팔 하나만 달랑 있다고 우습게 보면 안 된다. 로봇 팔이 없다면 대부분의 공장은 일을 못하고 문을 닫을지도 모른다. 가장 많이 일하는 곳은 바로 산업 현장인데 특히 자동차 공장에서 막강한 힘을 발휘한다.

휴보 우리나라에서 처음으로 만든, 두 발로 걷는 인간형 로봇이다. 일본에서 먼저 만든 '아시모'라는 로봇과 비교했을 때 특징적인 점은 따로 움직이는 손가락이다. 손가락 움직임이 자유로워 가위바위보를 할 수 있다.

로봇 전시회, 성공과 숙제를 안겨 주다

로봇 전시회는 대성공이었어.
어느 때보다 많은 사람이 로봇에 관심을 갖고 찾아왔고, 여러 나라가 성능이 뛰어난 로봇을 선보였거든. 특히 우리나라 로봇이 칭찬을 많이 받았어.
해마다 기술이 크게 발전해서 10년 전만 해도 상상하지 못했던 로봇을 개발했으니까. 그걸 보고 다들 놀랐나 봐. 정말 기분이 좋았지.
하지만 전시회 마지막 날, 전시장에 온 어린이들이 나누는 이야기를 우연히 듣고 난 뒤에는 부끄러운 생각이 들었어.
"우리나라가 일본이나 미국보다 로봇을 더 잘 만든대."
"아냐. 일본과 미국이 우리나라보다 훨씬 더 잘 만든대."
나는 얼굴이 붉어졌어. 자신 있게 '아니, 우리나라가 최고란다.'라고 말할 수 있으면 좋겠지만 우리나라 로봇은 일본이나 미국 등에 비하면 아직 걸음마 수준이야. 특히 인공 지능 로봇을 구성하는 주요 부품인 센서와 모터 기술은 다른 나라에 많이 의존하는 편이지. 로봇 공학자의 한 사람으로 어깨가 무거웠어.
앞으로 더 바쁘게 열심히 연구를 해야겠다고 다짐했지.

의료 로봇 의사를 대신해서 수술을 하는 로봇이다. 잘 알려진 의료 로봇으로는 다빈치가 있다. 수술을 할 때는 절대 실수를 해서는 안 되는데, 로봇은 아주 정확하기 때문에 점점 더 많이 사용되고 있다. 의료 로봇 가운데에는 캡슐 로봇도 있는데 사람 몸속에 들어가 이리저리 돌아다니면서 아픈 곳을 치료한다.

농부 로봇 농부가 할 일을 대신하는 로봇이다. 사람 손보다 정교한 솜씨로 모든 농작물을 수확하며, 쉬지 않고 일할 수 있다. 이미 이스라엘과 이탈리아에서는 농부 로봇들이 토마토를 따서 성공을 거두었고 호주에서는 양털 깎는 로봇이 큰 인기를 끌고 있다.

가정용 로봇 가정에서 사람과 함께 생활하며 청소, 요리, 심부름 등을 돕는 로봇을 말한다. 일본의 가정용 로봇 '와카마루'는 실제로 가정에 판매되는 로봇으로, 가족의 얼굴과 이름을 기억하며 단어 1만 개 이상을 알아듣는다. 또 사람이 갑자기 쓰러지면 다른 가족에게 알리는 기능도 있다.

로봇 만들기에 평생을!

나는 로봇을 만드는 일에 평생을 바칠 생각이야.
그 가운데에서도 특별히 몸이 불편한 사람을 위해 집안일을 척척 해내고
친구가 필요할 때는 친구가 되어 주는 로봇을 꼭 만들고 싶어.
사람들의 삶을 편리하게 해 주는 것이야말로 로봇이 존재하는 이유거든.
하지만 현재 기술로는 겨우 걷는 로봇을 만들 수 있을 뿐이야.
사람들이 원하는 대로 자유롭게 움직이는 로봇을 만들려면
높은 수준의 인공 지능이 필요하지.
그래서 나 같은 로봇 공학자들이 열심히 연구를 하고 있어.
나는 언젠가 우리 모두가 꿈꾸는 로봇을 만들 날이 올 거라고 믿어.
그때가 되면 로봇은 우리 생활 어디에나 있고,
사람들과 친구처럼 친하게 지내게 될 거야.
어쩌면 하늘을 날지도 모르지.
그때까지 나는 쉬지 않고
계속 로봇을 연구할 거야.

로봇의 역사

사람들이 로봇에 대해서 생각하기 시작한 것은 아주 오래 전부터예요. 하지만 처음에는 자동 인형을 만드는 수준이었고, 우리가 생각하는 로봇이 생긴 것은 18세기 이후예요. 그 뒤로 사람과 닮은 로봇을 개발하기 위한 노력이 계속되어 이제는 여러 분야에서 로봇이 활약하고 있어요.

▶ 18세기

프랑스의 J. 보캉송이 기계 오리를 제작했다. 이 오리는 물 차기, 울음 소리 내기, 배설 등을 할 수 있었다. 이 당시 많은 발명가가 여러 종류의 자동 인형을 만들었다.

◀ 1970년

소련에서 자동 달 관측 로봇 '루노호트 1호'를 만들었다. 루노호트 1호는 루나 17호에 실려 우주로 발사되었다.

◀ 1968년

스탠포드 연구소에서 '샤키'를 개발했다. 샤키는 컴퓨터의 명령에 따라 스스로 움직인 최초의 로봇이다.

1973년 ▶

일본에서 두 다리로 걷는 로봇 '와봇 1'을 만들었다. 와봇은 세계에서 처음으로 만들어진 인간형 로봇이었지만, 간신히 인간의 모습만 갖춘 정도였다.

2000년 ▶

일본에서 인간형 로봇의 결정체인 '아시모'가 탄생했다. 아시모는 키 120센티미터로, 사람의 목소리나 동작을 인식하고 두 다리로 서서 걷거나 뛸 수 있다.

영화 속 로봇

현실의 로봇과 달리 영화 속 로봇들은 엄청난 힘을 발휘해요. 하늘을 날기도 하고, 사람처럼 생각하거나 느끼기도 하지요. 그럼 영화 속 로봇들을 만나 볼까요?

마징가 제트(Z)

기운 센 천하장사, 무쇠로 만든 사람
인조 인간 로보트 마징가 제트.
거대한 기계 군단이여, 꼼짝 마라.

감독 | 세리가와 유고

지구를 정복하고 싶은 야망으로 불타던 헬 박사. 그는 한쪽은 남성이고 한쪽은 여성인 아수라 백작, 몸과 머리가 분리된 브로켄 백작과 함께 기계 군단을 앞세워 세계를 정복하려고 한다. 광자력 연구소의 강원일(일본 원작에서는 가부토 주조우) 박사는 마징가 제트를 이용해 그들의 공격에 맞선다. 엄청난 공격에 맞서 용감하게 싸운 마징가 제트는 마지막 회에서 완전히 파괴되지만, 비밀리에 개발한 그레이트 마징가가 뒤를 이어 등장한다.

크기 18미터
무기 시그너스 크로스, 시전 나이프, 브레스트 파이어, 광자력 빔, 아이스 빔, 미사일 에프, 로켓 펀치 등.

A. I.

감독 | 스티븐 스필버그

때는 극지방의 얼음이 녹아 지구의 모든 자원이 사라져 가는 어느 먼 미래. 하비 박사는 감정이 있는 최초의 인공 지능 로봇 데이비드를 만든다. 데이비드는 스윈튼 부부의 집에 입양된다. 하지만 냉동되었던 스윈튼 부부의

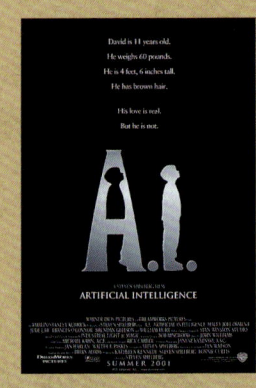

아들이 깨어나자 데이비드는 곰 인형과 함께 숲 속에 버려진다. 데이비드는 엄마의 사랑을 되찾기 위해 긴 여행을 시작한다. 결국 뉴욕까지 찾아갔지만 뉴욕은 이미 황폐한 도시가 되어 버렸다. 그로부터 2000년 뒤, 얼음 속에서 깨어난 데이비드는 마침내 원하던 사랑을 느끼게 된다.

바이센테니얼 맨

감독 | 크리스 콜럼버스

2005년 미국 뉴저지 주, 리처드는 모든 집안일을 해결할 수 있는 첨단 가사 로봇을 주문한다. 리처드가 구입한 로봇의 이름은 앤드류. 그런데 사실 앤드류는 엔지니어가 마요네즈 한 방울을 로봇 회로에 떨

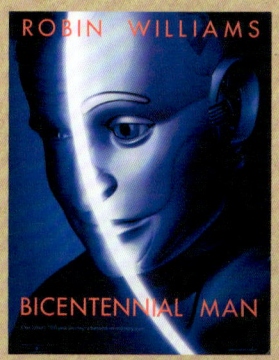

어뜨리는 바람에 신경계에 이상이 생겨 감정을 갖게 된 로봇이다. 앤드류는 리처드의 딸에게 설레는 감정을 느낀다. 하지만 자신이 로봇임을 깨달은 앤드류는 리처드가 죽자 집을 떠났다가 수십 년이 지난 뒤 돌아온다. 그런데 앤드류는 그녀와 닮은 손녀를 보게 되자 또다시 손녀에게 사랑을 느낀다.

로보트 태권 브이(V)

정의로 뭉친 주먹 로보트 태권
용감하고 씩씩한 우리의 친구.
붉은 별 군단의 공격에서 세계를 구하라.

감독 | 김청기

김 박사는 카프 박사와 함께 거대 로봇을 개발하고 있었다. 그런데 카프 박사는 자신의 못생긴 외모를 비웃은 사람들에게 복수를 하겠다는 말을 남기고 사라진다. 어느 날 거대 로봇이 나타나 태권도 선수와 과학자들을 납치한다. 카프의 붉은 별 군단이 선전 포고를 하자 전 세계는 혼란에 빠진다. 붉은 별 군단에 의해 김 박사가 살해되자 김 박사의 아들 훈은 아버지가 만든 태권 브이를 조종하여 붉은 별 군단의 습격을 막아 낸다.

크기 40미터

무기 브이(V) 광선, 다양한 태권도 공격 기술, 광자력 빔, 로켓 주먹 등.

로봇 공학자는요,

로봇을 연구하고 만드는 사람이에요. 로봇을 설계하여 만들고, 로봇에 필요한 새로운 장치를 개발하고, 로봇의 성능을 높이기 위한 연구를 하지요.

로봇은 수많은 부품으로 만들어지는 첨단 기계예요. 만드는 과정에서 조금만 실수를 해도 로봇이 작동되지 않거나 문제가 생기지요. 제대로 된 로봇을 만들려면 정확한 설계와 섬세한 손길이 필요해요. 그렇기에 로봇 공학자는 꼼꼼하고 성실해야 하지요. 대학에서 로봇 공학, 전자 공학, 기계 공학 등 로봇을 만드는 데 필요한 여러 학문도 반드시 익혀야 하고요. 하지만 무엇보다 중요한 것은 기계에 대한 탐구심과 창의력, 그리고 로봇을 만들고 싶다는 열정이에요.

언제부터인가 가정에서 사용하는 세탁기나 냉장고 등이 사람들에게 꼭 필요한 제품이 된 것처럼 미래 사회에는 로봇이 생활에 꼭 필요한 제품이 될 거예요. 그렇게 되면 로봇 공학자도 점점 더 많이 필요하겠지요. 무엇보다 로봇 공학자라는 직업이 정말 매력적인 이유는 앞으로 사람들의 일을 대신해 줄 근사한 로봇을 만드는 일이기 때문이에요. 어때요, 이 멋진 직업에 도전해 보고 싶지 않나요?

• **도움을 준 책과 인터넷 사이트**

《나는 멋진 로봇친구가 좋다》, 이인식, 랜덤하우스코리아
《로봇 이야기》, 김문상, 살림
《인터넷 다음은 로봇이다》, 배일한, 동아시아
《제2의 인간 로봇》, 김선희, 주니어김영사
《3일만에 읽는 로봇》, 사마키 다케오, 서울문화사
《WHY? 로봇》, 조영선, 예림당

• **사진 자료 제공처**

연합뉴스, (주)타임스페이스, (주)토픽포토

※ 이 책에 사용한 사진은 제공처의 허락을 받아 게재한 것입니다. 저작권자와 초상권자를 찾지 못한 일부 사진은 저작권자가 확인되는 대로 게재 허락을 받도록 하겠습니다. 또 사진을 모사한 그림의 경우도 저작권자가 확인되는 대로 게재 허락을 받도록 하겠습니다.

• **일러두기**

1. 맞춤법과 띄어쓰기는 국립국어원에서 펴낸 〈표준국어대사전〉을 기준으로 삼았습니다.
2. 외국 인명, 지명은 국립국어원의 〈외래어 표기 용례집〉을 따랐습니다.
3. 용어는 국립국어원에서 펴낸 〈표준국어대사전〉을 따랐습니다.
4. '로봇의 역사' 가운데 로봇의 어원과 관련된 연도와 와봇 제작 연도는 '부천 로봇파크'의 〈로봇 자료실〉 정보를 따랐습니다.
5. 이 책에 있는 사진이나 그림 속의 로봇은 시각적 효과를 위해 실제보다 크게 표현했습니다.

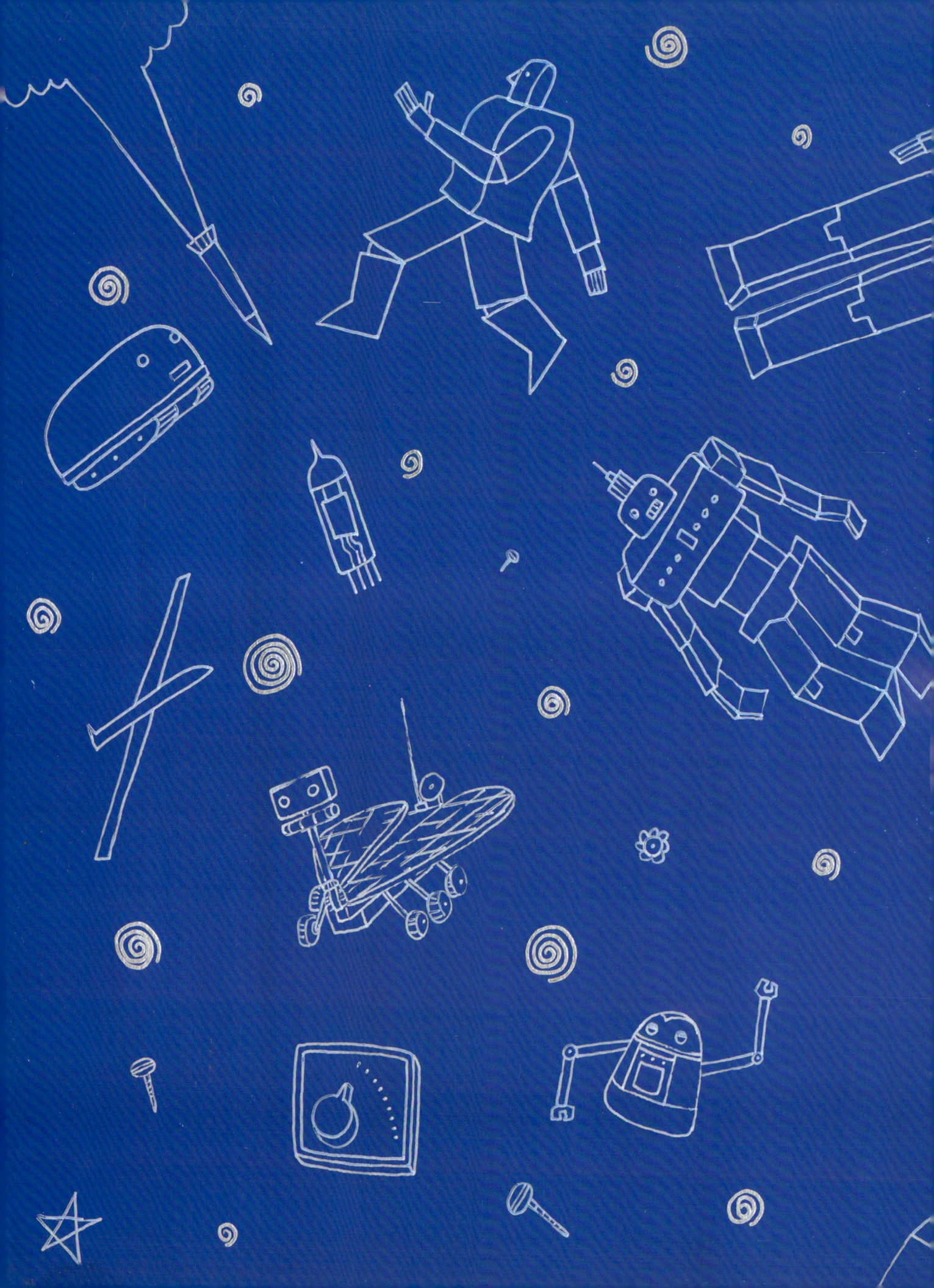